Los primeros
EXPLORADORES

Heather E. Schwartz

Asesores

Katie Blomquist, Ed.S.
Escuelas Públicas del Condado de Fairfax

Nicholas Baker, Ed.D.
Supervisor de currículo e instrucción
Distrito Escolar Colonial, DE

Créditos de publicación

Rachelle Cracchiolo, M.S.Ed., *Editora comercial*
Conni Medina, M.A.Ed., *Redactora jefa*
Emily R. Smith, M.A.Ed., *Realizadora de la serie*
Diana Kenney, M.A.Ed., NBCT, Directora de contenido
Caroline Gasca, M.S.Ed., *Editora superior*
Johnson Nguyen, *Diseñador multimedia*
Lynette Ordoñez, *Editora*
Sam Morales, M.A., *Editor asociado*
Jill Malcolm, *Diseñadora gráfica básica*

Créditos de imágenes: portada, págs.1, 2–3, 7, 12–13, 14 (barco), 15, 17, 18, 19, 21 North Wind Picture Archives; pág.5 y contraportada LOC [g3200.mf000070]; págs.4, 10, 20, 24–25, 26 Granger, NYC; pág.8 DeA Picture Library/The Granger Collection; pág.9 Gerry Embleton/North Wind Picture Archives; pág.11 DEA/J. E. BULLOZ/Getty Images; pág.12 De Agostini Picture Library/Bridgeman Images; pág.14 Classic Image/Alamy; pág.15 De National Library of Portugal (Biblioteca Nacional de Portugal); págs.16–17 LOC [g3200.ct000725]; pág.19 Sémhur/Wikimedia Commons/CC-BY-SA-3.0; pág.21 LOC [ct000738]; pág.22 GL Archive/Alamy; pág.23 Mary Evans Picture Library/Alamy; pág.24 World History Archive/Alamy; pág.25 Mcapdevila/Wikimedia Commons/CC-BY-SA-3.0; págs.26, 32 Wikimedia Commons/Dominio público; pág.27 LOC [LC-USZ62-76273]; todas las demás imágenes cortesía de iStock y/o Shutterstock.

Library of Congress Cataloging-in-Publication Data
Names: Schwartz, Heather E., author.
Title: Los primeros exploradores / Heather Schwartz.
Other titles: Early expeditions. Spanish
Description: Huntington Beach : Teacher Created Materials, 2020. |
   Audience: Grade 4 to 6 | Summary: "European explorers left their homes
   to explore an unknown world. They did not always find what they
   expected. But they helped discover the truth about our world's
   geography. These early expeditions helped map out the modern world"--
   Provided by publisher.
Identifiers: LCCN 2019014751 (print) | LCCN 2019981436 (ebook) | ISBN
   9780743913485 (paperback) | ISBN 9780743913492 (ebook)
Subjects: LCSH: Discoveries in geography--Juvenile literature.
Classification: LCC G175 .S35318 2020 (print) | LCC G175 (ebook) | DDC
   910.9--dc23
LC record available at https://lccn.loc.gov/2019014751
LC ebook record available at https://lccn.loc.gov/2019981436

Teacher Created Materials

5301 Oceanus Drive
Huntington Beach, CA 92649-1030
www.tcmpub.com

ISBN 978-0-7439-1348-5

Contenido

Los exploradores del mundo

Los primeros exploradores recorrieron el mundo hace cientos de años. Cuando comenzaron a viajar, no sabían mucho sobre el mundo. No tenían mapas precisos en los que pudieran confiar. Y no tenían la tecnología actual como guía. Su conocimiento de las rutas marítimas y los **continentes** era limitado. Así y todo, partían hacia lo desconocido.

Los exploradores dejaban sus hogares en Europa y regresaban luego con información valiosa. Muchos de estos exploradores se hicieron famosos por sus descubrimientos. Fueron **reconocidos** por descubrir nuevas regiones del mundo que ningún europeo había visto.

Cristóbal Colón llega a América.

Este mapa de 1565 muestra la visión inexacta del mundo que tenían muchas personas.

Los primeros exploradores eran **ambiciosos**. Probablemente hayan sido tan valientes como aventureros. Los exploradores no podían predecir los peligros que encontrarían en sus viajes. No siempre llegaban al lugar que esperaban y no sabían si alguna vez podrían regresar a casa. Aun así, muchos de ellos realizaron varias **expediciones**. Partían una y otra vez para ver todo lo que pudieran y dar a conocer lo desconocido. Sin embargo, a menudo parecían preocuparse poco por los pueblos **indígenas** que vivían en esas nuevas tierras. Muchos exploradores los mataban, tomaban lo que querían y se iban.

¿Quiénes fueron estos primeros exploradores? ¿Por qué arriesgaban su vida viajando por el mundo?

Descubrimientos desmitificados

Los primeros exploradores se encontraron con regiones del planeta que nunca habían visto. Pero otras personas vivían allí hacía miles de años. Los hallazgos de los exploradores se conocen como *descubrimientos* porque descubrieron esas tierras a los ojos de Europa.

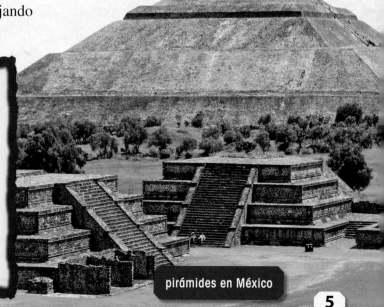

pirámides en México

5

Las exploraciones en la Edad Media

Los vikingos fueron algunos de los primeros exploradores. Provenían de Escandinavia. Su tierra natal era demasiado fría para practicar la agricultura durante todo el año. Por eso, durante el siglo VIII, dejaron sus hogares para buscar alimentos. Navegaron por el mar del Norte y llegaron a diferentes partes de Europa. Los vikingos saquearon ciudades y ocuparon las tierras de otros pueblos. Se establecieron en Irlanda, Escocia e Inglaterra. Más tarde, navegaron por el océano Atlántico. Exploraron Islandia y Groenlandia, y se establecieron allí. Estas son unas islas ubicadas entre América del Norte y Europa.

Escandinavia en el mapa

Escandinavia se encuentra en el norte de Europa. Incluye Noruega, Suecia, Finlandia, Dinamarca, Islandia y las islas Feroe. Alrededor del 25 por ciento de la región queda al norte del círculo polar ártico.

Los vikingos viajaron de Groenlandia a América del Norte en el siglo XI. Se establecieron en la isla de Terranova, cerca de la costa de Canadá. Habían recorrido más de 1,000 millas desde Groenlandia. El sitio hoy se llama L'Anse aux Meadows. Es el primer asentamiento conocido de europeos en América del Norte.

Hacia el año 1100, los países estaban mejorando sus sistemas de defensa contra los ataques vikingos. Los vikingos comerciaban más y luchaban menos. También viajaban menos. Se establecieron en sus nuevos hogares y algunos se unieron a otros países europeos. Abandonaron sus asentamientos en América del Norte.

Orientarse con las aves

Los vikingos observaban cómo volaban las aves para predecir dónde podría haber tierra firme. Creían que las aves que tenían el pico vacío probablemente estaban yendo hacia el mar a cazar. Pero las aves con los picos llenos muy probablemente se dirigían a tierra firme.

el viaje de Marco Polo

Las exploraciones no se terminaron con los vikingos. Las personas de otros países de Europa también querían dejar sus hogares y ver el mundo. Algunos buscaban aventuras. Muchos querían hacerse ricos. Otros querían aprender sobre diferentes **culturas**.

Marco Polo creció en Venecia, Italia, durante el siglo XIII. Su padre y sus tíos eran exploradores. Durante los primeros 15 años de la vida de Marco Polo, su padre y sus tíos estuvieron en el extranjero. Entre otros lugares, visitaron Catay, lo que hoy es China. Conocieron a Kublai Kan, emperador de Catay. Regresaron a su hogar y conocieron a Marco Polo en 1269.

La Ruta de la Seda

A pesar de su nombre, la Ruta de la Seda no era una sola ruta. Estaba compuesta por muchas rutas que se habían desarrollado siglos atrás. Permitía el comercio entre Europa y Asia.

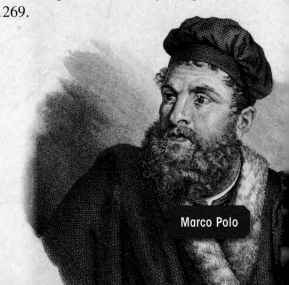

Marco Polo

En 1271, partieron nuevamente hacia Catay. Esta vez, Marco Polo fue con ellos. Tenía unos 17 años. Durante tres o cuatro años, viajaron por la Ruta de la Seda. Cruzaron desiertos y pasos de montaña. En un momento, Marco Polo se enfermó gravemente.

Finalmente, llegaron a su destino. Marco Polo se unió a la corte de Kublai Kan. Aprendió el idioma y las **costumbres** mongoles. Viajó más por Asia a pedido de Kublai Kan. Visitó el Tíbet, Birmania y la India. Estuvo en la corte de Kublai Kan durante 17 años. Se hizo muy rico.

Marco Polo regresó a Europa 24 años después de haberse ido. Contó sus aventuras. Estas historias quedaron escritas en un libro, pero no se sabe si el autor fue Marco Polo o algún conocido. Su historia inspiró a otras personas a viajar y explorar el mundo.

Marco Polo juega al ajedrez con Kublai Kan.

La llegada de la pólvora

La pólvora fue un invento chino. Llegó a Europa en el siglo XIII con las invasiones y a través de las rutas comerciales. La pólvora hizo que fuera más sencillo para los exploradores europeos ocupar tierras y derrotar fácilmente a las personas que vivían allí.

La Era de los Descubrimientos

Hacia el siglo XV, la Ruta de la Seda no era un camino seguro para viajar entre Europa y Asia. Era muy peligrosa debido a la guerra que se estaba peleando en la China. También había ladrones que atacaban a los comerciantes por el camino. Este cambio provocó un nuevo comienzo. Fue el inicio de la Era de los Descubrimientos.

Nadie quería dejar de comerciar con Asia. Las especias de Asia tenían muchos usos. Daban sabor a las comidas y conservaban la carne. También se usaban para conservar los cuerpos de los muertos y curar la fiebre y otros problemas de salud. Pero la mayoría de las especias no se podían cultivar en el clima europeo, que era más frío.

Este comerciante vende especias y hierbas de Asia en el siglo XIII.

Marco Polo visita a los cosechadores de pimienta en el sur de la India.

Los europeos necesitaban un camino más seguro para ir a Asia. También necesitaban una ruta más corta para que las especias no tuvieran un precio tan alto. ¡Algunas costaban tanto como el oro! Las especias pasaban de un comerciante a otro durante el largo viaje de la Ruta de la Seda. Cada comerciante aumentaba el precio. Cuando las especias llegaban a Europa, eran muy costosas. Solo las personas muy ricas podían comprarlas. Por eso, los europeos se propusieron hallar una vía navegable más corta y segura entre ambos continentes.

En 1487, Bartolomé Díaz partió desde Portugal. Navegó alrededor del extremo sur de África. Descubrió que el océano Atlántico y el océano Índico estaban conectados. Fue un descubrimiento emocionante. Esto significaba que existía una vía navegable para llegar a Asia rodeando África.

Un explorador italiano creía que había un camino mejor. Cristóbal Colón pensaba que no era necesario rodear toda África. Estaba convencido de que podía llegar a Asia navegando hacia el oeste. Pero nadie había hecho eso antes. Era una idea riesgosa.

Bartolomé Díaz

los barcos de Colón

Colón quería navegar para Portugal. Pero el rey rechazó su plan. Intentó navegar para Italia, pero tampoco tuvo suerte. España también lo rechazó. Pero más adelante España aceptó **financiar** su viaje. Esto significaba que España pagaría sus gastos. A cambio, reclamaría como propias las tierras que se descubrieran. En agosto de 1492, Colón partió con rumbo a Asia. En lugar de ir hacia el sur, se dirigió hacia el oeste. Llevaba el libro de Marco Polo con él. El libro lo inspiraba a viajar.

En octubre, Colón divisó tierra firme. Estaba seguro de que había llegado a Asia.

Cristóbal Colón

Sin miedo

A menudo se piensa que, antes de que Colón hiciera su famoso viaje, las personas creían que el mundo era plano. Pero esto no es verdad. Se sabía desde la antigüedad que el mundo era redondo. Colón no tenía miedo de caer al llegar al borde de la Tierra.

Colón reclamó el territorio para España en 1492. Pero no era el territorio que él pensaba. Colón creía que había hallado un pasaje para ir de Europa a Asia navegando hacia el oeste. Los reyes de España creían lo mismo. Pero Colón nunca llegó a Asia. Llegó a América. Era el mismo continente que habían visitado los vikingos. Pero en Europa nadie se dio cuenta en aquella época. Colón nunca supo lo que había encontrado.

Colón fue el primer europeo en explorar América, después de los vikingos. Pero ya vivían otras personas allí. Como Colón pensaba que había llegado a la India, llamó *indios* a los pobladores. Hoy se los conoce como indígenas americanos. Llevaban miles de años viviendo en América.

Los gobernantes de España y Portugal querían comerciar en estas tierras nuevas. Un **tratado** le dio a cada país derechos para comerciar. Les permitía comerciar en diferentes partes de América. Ambos países comenzaron a reclamar más y más tierras. Construyeron grandes **imperios**. Pero, al hacerlo, expulsaron a los indígenas de sus tierras. Pronto, otros países harían lo mismo. Este patrón continuó durante cientos de años.

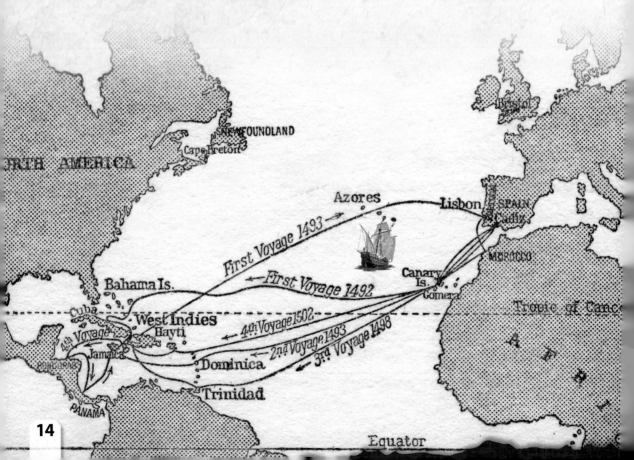

astrolabio

Nueva tecnología

Instrumento	Funciones
brújula	Determina la dirección.
astrolabio	Mide el ángulo entre la Estrella Polar y el **horizonte**.
ballestilla	Mide el ángulo entre el Sol y el horizonte.
cuadrante	Mide la distancia desde el horizonte hasta la Estrella Polar.

Tratado de Tordesillas entre España y Portugal

Colón se encuentra con indígenas americanos.

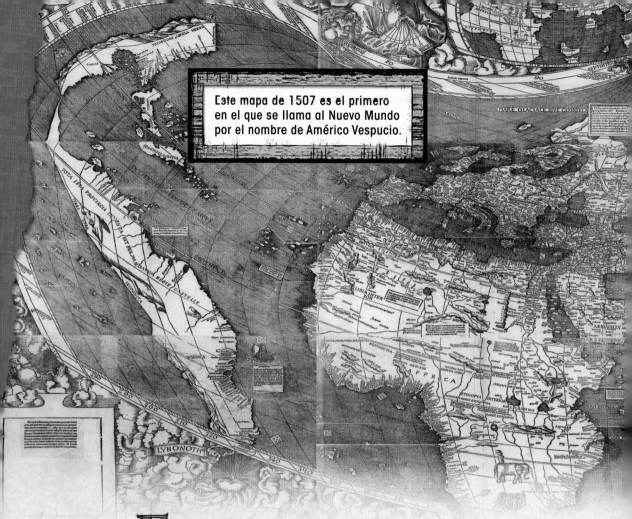

Este mapa de 1507 es el primero en el que se llama al Nuevo Mundo por el nombre de Américo Vespucio.

Ensayo, error y éxito

Los gobernantes de España esperaban obtener mucho oro y especias de la India. Y querían que Colón les llevara estos bienes. Por supuesto, Colón nunca llegó a Asia. Encontró algo de oro y especias, pero no las grandes cantidades que querían en España.

Con el tiempo, los gobernantes de España empezaron a dudar de Colón. A pesar de lo que él decía, no creían que hubiera llegado a Asia. Enviaron a más exploradores. Américo Vespucio fue uno de ellos. Era italiano, pero navegó primero para España. Luego lo hizo para Portugal.

Ganancias y pérdidas

Los exploradores europeos y los indígenas comerciaban. Pero los exploradores no solo comerciaban. Robaban, propagaban enfermedades y obligaban a los indígenas a trabajar para ellos. Reclamaban las tierras para sus países.

Vespucio viajó a las tierras que Colón afirmaba que eran la India. Regresó en 1502 y explicó que era un continente completamente nuevo. Lo llamó el Nuevo Mundo.

En 1507, un cartógrafo (o creador de mapas) alemán publicó un libro. El libro tenía información sobre el Nuevo Mundo. Nombró una sección del Nuevo Mundo en honor de Américo Vespucio. La llamó América. Hoy sabemos que el Nuevo Mundo en realidad son dos continentes. Tanto América del Norte como América del Sur aún conservan el nombre de Américo Vespucio.

España siguió enviando exploradores a comienzos del siglo XVI. En 1508, envió a Juan Ponce de León a Puerto Rico. El viaje fue exitoso según los estándares europeos. Ponce de León encontró oro y estableció una mina. Pero puso a trabajar a los indígenas como esclavos.

Luego España envió a Juan Ponce de León a hacer más exploraciones. En 1513, desembarcó en lo que él creía que era una isla inexplorada. En realidad, estaba en América del Norte. Llamó al lugar Florida.

Ponce de León y sus hombres buscan la fuente de la juventud.

La fuente de la juventud

Según la leyenda, Ponce de León quería encontrar la fuente de la juventud. Algunos historiadores, sin embargo, no creen que esta fuera su misión. Creen que esa historia se inventó después para hacerlo ver como alguien poco inteligente.

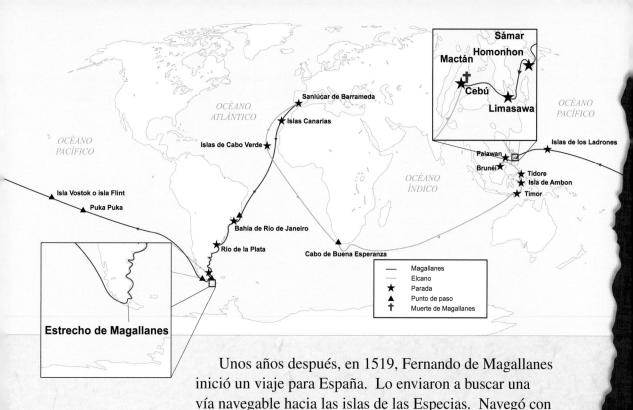

Estrecho de Magallanes

Leyenda del mapa:
- Magallanes
- Elcano
- ★ Parada
- ▲ Punto de paso
- ✝ Muerte de Magallanes

Unos años después, en 1519, Fernando de Magallanes inició un viaje para España. Lo enviaron a buscar una vía navegable hacia las islas de las Especias. Navegó con una **flota** de cinco barcos. Uno se perdió durante una tormenta. En el camino, la tripulación se mostró insatisfecha y **se amotinó**. Otro barco abandonó el viaje. Tres barcos continuaron. Navegaron por un **estrecho** que los llevó a una sorpresa: el océano Pacífico.

Solo uno de los barcos de Magallanes completó la vuelta alrededor del mundo y regresó a España. Y Magallanes no viajaba en él. Murió en una batalla en Filipinas y nunca llegó a las islas de las Especias. Pero su expedición llevó información a Europa. Los europeos se enteraron de la existencia del océano Pacífico. Aprendieron más sobre el tamaño real de la Tierra. El estrecho de Magallanes fue nombrado en honor del explorador.

Fernando de Magallanes

La historia de Magallanes

Magallanes era portugués, pero el gobierno no quiso financiar su expedición a las islas de las Especias. Entonces, Magallanes se mudó a España. El nieto de los reyes que financiaron a Colón dio su apoyo a Magallanes.

¿Quién dominará el mundo?

En los años siguientes, continuó la **rivalidad** entre España y Portugal. Competían en la exploración del mundo. Se disputaban nuevos territorios y el control del comercio.

Mas España y Portugal no eran los únicos países que reconocían el valor del comercio y la exploración. Durante la Era de los Descubrimientos, otros países europeos también se interesaron por explorar el mundo. También querían comerciar para obtener bienes y riquezas. Querían poseer nuevas tierras. En el siglo XVI, estos países aumentaron sus esfuerzos, y así más exploradores partieron a navegar por los mares. Navegaban para Francia, Inglaterra y los neerlandeses de los Países Bajos.

El comercio era una de las razones por la cual los europeos querían llegar a las nuevas tierras. Otra era la religión. Los europeos eran cristianos. Los indígenas, no. Los europeos creían que era su deber **convertir** a los indígenas. Querían difundir sus creencias. Esto era, en parte, la razón por la cual estos países se unieron a la carrera de la exploración.

Indígenas americanos cargan pieles para intercambiar bienes con los neerlandeses, en el siglo XVII.

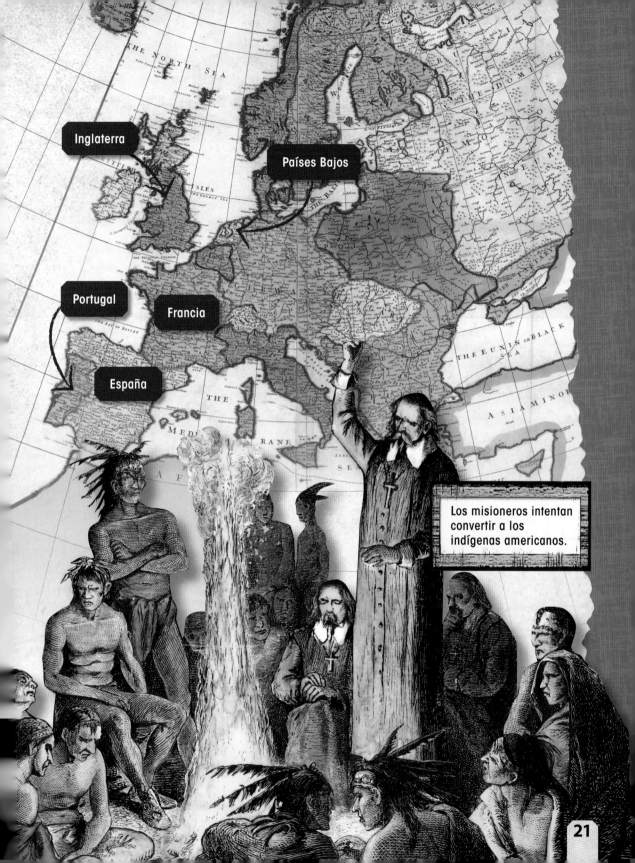

Inglaterra

Países Bajos

Portugal

Francia

España

Los misioneros intentan convertir a los indígenas americanos.

Francia también quería navegar hacia el oeste. Pero el país necesitaba exploradores. Giovanni da Verrazzano estaba dispuesto a colaborar. Navegó hasta el Nuevo Mundo para Francia en la década de 1520. Se le encargó hallar una ruta a la India. No pudo encontrarla. Pero regresó con más información sobre la costa este de América del Norte.

Jacques Cartier navegó para Francia en 1534. Él también partió en busca de una vía navegable que llevara a Asia. Tampoco pudo encontrarla. Reclamó para Francia territorios en Canadá. Pero el rey estaba decepcionado. Cartier se ganó enemigos en el Nuevo Mundo. Y no pudo hallar oro ni diamantes. Francia perdió el interés por la exploración durante más de medio siglo.

Los ingleses continuaron lo que los franceses habían abandonado. Martin Frobisher partió en busca de un pasaje a Asia a fines del siglo XVI. Y también esperaba encontrar tesoros en América del Norte. Pero no halló ni una cosa ni la otra. En cambio, exploró Canadá para Inglaterra.

Francis Drake dirigió una expedición para Inglaterra en 1577. Cruzó el estrecho de Magallanes. Reclamó para Inglaterra lo que hoy se conoce como California. Cuando regresó, fue nombrado caballero. Eso era un gran honor. Fue el primer explorador inglés en **circunnavegar** la Tierra.

Jacques Cartier

Francis Drake

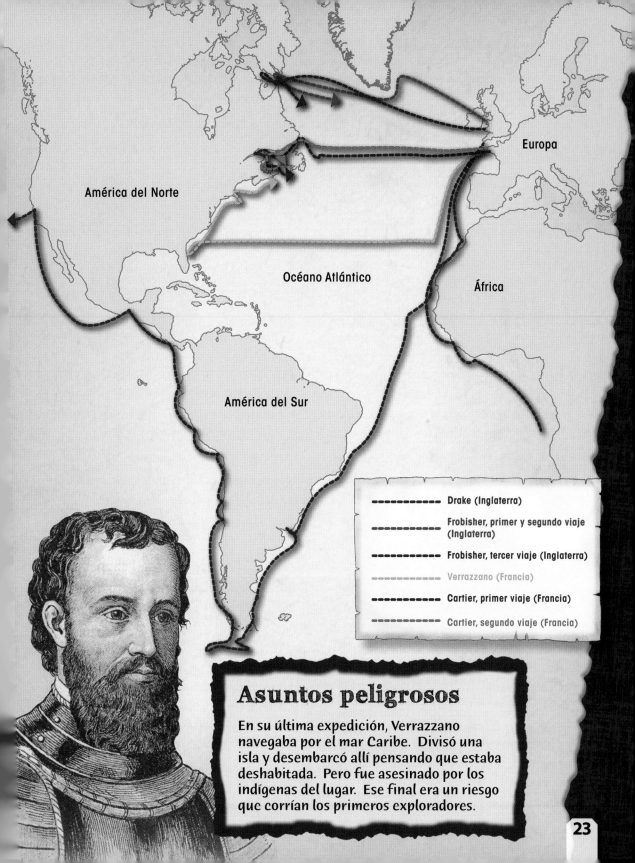

América del Norte

Europa

Océano Atlántico

África

América del Sur

Drake (Inglaterra)

Frobisher, primer y segundo viaje (Inglaterra)

Frobisher, tercer viaje (Inglaterra)

Verrazzano (Francia)

Cartier, primer viaje (Francia)

Cartier, segundo viaje (Francia)

Asuntos peligrosos

En su última expedición, Verrazzano navegaba por el mar Caribe. Divisó una isla y desembarcó allí pensando que estaba deshabitada. Pero fue asesinado por los indígenas del lugar. Ese final era un riesgo que corrían los primeros exploradores.

En 1607, la Compañía de Moscovia de Londres contrató a Henry Hudson como explorador. Él creía que podía hallar un pasaje más rápido a Asia a través del océano Ártico. Era un pasaje cubierto de hielo. Dos viajes fracasaron y tuvo que regresar.

Inglaterra perdió la confianza en él, pero Hudson estaba decidido a volver a viajar. En su tercera expedición, navegó para la Compañía Neerlandesa de las Indias Orientales. Cuando no pudo seguir su camino debido al hielo, se desvió hacia América del Norte. Allí, navegó por un río que luego fue nombrado en su honor.

moneda usada por la Compañía Neerlandesa de las Indias Orientales

La Compañía Neerlandesa de las Indias Orientales

La Compañía Neerlandesa de las Indias Orientales se fundó en 1602. Ayudó a los neerlandeses a independizarse de España. Dirigió las exploraciones de los Países Bajos. También protegió los intereses comerciales de los Países Bajos. La compañía se disolvió en 1799.

Henry Hudson desembarca en Nueva York en 1609.

En su última expedición, Hudson volvió a navegar hacia el océano Ártico para Inglaterra. Encontró una bahía que luego se conocería como la bahía de Hudson. Pero su barco pronto quedó atrapado en el hielo. Hudson tuvo que pasar el invierno allí con su tripulación. Comenzaron a quedarse sin alimentos. La tripulación sospechaba que Hudson guardaba alimentos para compartirlos con sus miembros favoritos de la tripulación.

En junio, el hielo se derritió y el barco por fin pudo emprender el regreso. Pero las malas condiciones del tiempo y las tormentas no eran los únicos peligros para los primeros exploradores. La propia tripulación de Hudson fue su perdición. Hambrientos y enojados, los tripulantes obligaron a Hudson a abandonar el barco en un pequeño bote, con algunos hombres más. Nunca más se supo de ellos.

La nueva tecnología

La nueva tecnología facilitó la navegación para los exploradores de fines del siglo XVI. El cuadrante de Davis se inventó en 1594. Al igual que la ballestilla, se usaba para medir la distancia al norte del **ecuador**. Registraba mediciones entre el horizonte y la sombra proyectada por el Sol.

cuadrante de Davis

Cambiar el mundo

Los primeros exploradores no sabían mucho sobre el mundo. No sabían adónde los llevarían las aguas. No siempre sabían cuándo llegarían a tierra firme. Y tampoco sabían si encontrarían personas en esas nuevas tierras. Los exploradores se aventuraban hacia lo desconocido con pocos instrumentos de navegación. Algunos anhelaban la aventura. Otros buscaban fama o fortuna. Todos ellos partían con esperanzas y arriesgaban su vida para cumplir sus misiones. No sabían si volverían a sus hogares.

mapamundi de 1321

vikingos

Los primeros exploradores no siempre encontraban lo que buscaban, pero incluso los viajes que no tuvieron éxito permitieron obtener nuevos conocimientos sobre la **geografía** del mundo. Los exploradores comenzaron a comerciar con los habitantes del Nuevo Mundo. Esto daría lugar a los primeros asentamientos europeos allí.

Sus expediciones no siempre terminaban bien. Las naciones para las cuales trabajaban creían que tenían el derecho de reclamar todos los territorios y tomar todos los recursos que pudieran por la fuerza. Pero, para bien o para mal, esos exploradores son parte de la historia. Ayudaron a crear el mundo como lo conocemos hoy.

Américo Vespucio

Cristóbal Colón

Fernando de Magallanes

¡Haz un mapa!

Los primeros exploradores representaron el mundo en papel. Tenían instrumentos sencillos y con ellos crearon mapas y los mejoraron.

Imagina que eres un explorador europeo. Acabas de desembarcar en una isla del Nuevo Mundo que no figura en los mapas. Dibuja un mapa de la isla. Escribe notas sobre lo que ves. Luego, escribe una carta a tu familia en Europa y cuéntales tus experiencias. Incluye detalles sobre el viaje y las nuevas tierras que estás explorando. Explica a tu familia por qué tu expedición es importante.

Glosario

ambiciosos: que desean ser exitosos, poderosos o famosos

circunnavegar: navegar alrededor de un lugar

continentes: las siete grandes masas de tierra del planeta

convertir: hacer cambiar de religión o creencia

costumbres: conductas o acciones tradicionales de un grupo de personas

culturas: creencias y estilos de vida de diferentes grupos de personas

ecuador: un círculo imaginario que divide la Tierra por la mitad, ubicado a la misma distancia del polo norte y el polo sur

estrecho: un pasaje de agua angosto que conecta dos masas de agua más grandes

expediciones: viajes realizados con un propósito específico

financiar: pagar los gastos de una actividad o un evento

flota: un grupo de barcos que navegan juntos

geografía: las características naturales de un lugar, como los ríos y las montañas

horizonte: la línea en la que la tierra o el mar parece unirse con el cielo

imperios: grupos de países controlados por un solo gobernante

indígenas: personas que ya vivían en una región cuando los europeos llegaron por primera vez

reconocidos: respetados o que reciben una atención especial por sus logros

rivalidad: una situación en la que las personas compiten entre sí

se amotinó: referido a la tripulación, que se negó a recibir órdenes e intentó quitar el mando a su comandante

tratado: un acuerdo oficial entre dos o más países o grupos

Índice

Geografía del mundo

Este mapa es de 1321. Obsérvalo bien. Luego, busca un mapa actual.
Compara y contrasta los dos mapas, y anota tus conclusiones. ¿Cómo
pueden haber influido las antiguas ideas sobre la geografía en los viajes
de los exploradores? ¿Cómo podría esto haber dificultado la exploración?
Comenta estas ideas con un amigo o un miembro de tu familia.